SOLUTION

SUR UN

NOUVEAU PROJET DE LOI

SUR LA PRESSE

PAR UN ANCIEN ÉLÈVE DE L'ÉCOLE POLYTECHNIQUE

Patrie, Ordre, Liberté

PARIS	GENÈVE
A. LEMOIGNE	GROSSET et TREMBLAY
LIBRAIRE-COMMISSIONNAIRE	LIBRAIRES-ÉDITEURS
12, rue Bonaparte.	4, rue Corraterie

ESQUISSE

D'UN

NOUVEAU PROJET DE LOI SUR LA PRESSE

On peut se demander, non sans raison, si l'antique légende de la toile de Pénélope n'est pas dépassée par le travail, toujours à recommencer, qui se fait en France depuis près d'un siècle, pour arriver à produire, sur les délits de la presse, une loi qui soit rationnelle, libérale et protectrice des grands intérêts de la société, sans mettre obstacle à la libre expansion de l'esprit humain. Tel est le problème à résoudre ; solution difficile à trouver ; mais enfin, comme découverte de la pierre philosophale, elle ne doit pas être imaginaire ; sauf de légères imperfections, conséquences obligées de toute œuvre humaine, nous pensons que l'on peut arriver à formuler sur ce sujet délicat une loi qui donne enfin satisfaction à tous les intérêts.

Observons qu'il faut qu'elle puisse fonctionner avec les mêmes avantages sous les divers gouvernements que l'avenir peut encore nous tenir en réserve, pourvu, bien entendu, qu'ils soient conservateurs, c'est-à-dire qu'ils aient pour base les principes éternels de toute société civilisée.

Si le problème est difficile, disons aussi que sa solution, en appliquant le principe que nous allons émettre, est, de nos jours, bien simplifiée, grâce aux progrès de la science et de l'industrie, grâce en un mot à la rapidité des communications qui fait, en quelque sorte, de chacun des départements de la France une sous-préfecture du département de la Seine.

Quoi qu'il en soit, lorsqu'une œuvre à créer est difficile, lorsqu'il s'agit d'élever un monument ou religieux, ou profane, ou d'utilité publique, on ouvre un concours; le plan le mieux approprié est accepté; mais si tous laissent à désirer, on prend dans deux ou trois d'entre eux les données qui peuvent le mieux se coordonner, et presque toujours, en suivant cette voie rationnelle, on arrive au but que l'on voulait atteindre. Eh bien, aujourd'hui, nous supposons qu'un pareil concours est ouvert pour que chacun puisse apporter son idée ou sa pierre à l'œuvre de la loi sur la presse; j'apporte modestement la mienne en désirant, sans présomption, qu'elle puisse servir de clef de voûte.

Et d'abord, rappelons que toute question parfaitement définie entraîne une solution simple et facile, qui découle pour ainsi dire de source. Je ne crois pas qu'il soit possible de trouver une définition de la presse, au point de vue juridique, plus exacte, plus précise, plus claire que celle énoncée, en 1819, à la Chambre des députés, par l'honorable garde des sceaux, M. de Serre, qui faisait alors partie d'une pléiade d'hommes politiques bien remarquables. En apportant le projet de loi sur la presse de 1819, qui aurait toujours dû être le noyau de tous ceux qui ont été discutés depuis, et le nombre en est grand, M. de Serre s'exprimait ainsi :

« La presse rentre comme tout autre instrument d'action dans le droit commun, et en y rentrant elle n'obtient aucune faveur qui lui soit propre, elle ne rencontre aucune hostilité qui lui soit particulière.

« Ramenée ainsi dans le domaine de la législation générale, la question devient simple. De quoi s'agit-il, en effet ? Ce n'est plus de l'inventaire de toutes les pensées humaines pour rechercher et déclarer d'avance lesquelles se manifestant seront réputées coupables ; il s'agit uniquement de recueillir, dans les lois pénales, les actes déjà incriminés auxquels la presse peut servir d'instrument, et d'appliquer à ces actes, lorsqu'ils auront été tentés ou commis par cette voie, la pénalité qui leur convient.

« Lorsqu'une action a été déclarée crime ou délit par les lois communes, il ne saurait être permis d'exciter les citoyens à la commettre. On peut contester la justice ou la convenance d'une loi pénale comme de toute autre loi, on peut en solliciter le changement, mais on ne peut pas, on ne doit pas pouvoir provoquer les citoyens à désobéir aux lois existantes. La provocation à un acte quelconque, légalement incriminé, est donc par elle-même punissable

« La question unique sera toujours de savoir si la publication inculpée contient réellement la provocation à tel ou tel acte incriminé, et de soumettre cette question à des jurés qui tiendront compte, en l'examinant, des circonstances au milieu desquelles la publication a été opérée. »

Voilà une définition, des aperçus et une conclusion bien remarquables. Cinquante-six ans se sont écoulés depuis que ces paroles ont été prononcées à la tribune française, et, après des discussions sans cesse renouvelées et qui durent encore, que pourrait-on dire de mieux aujourd'hui ? En vérité, nous croyons que la question a été plutôt obscurcie qu'élucidée, et, dans la discussion prochaine, ce que l'on pourra faire de mieux, sans doute, sera de revenir au point de départ, comme il arrive si souvent en notre cher pays.

Le ministre de la justice a dernièrement convoqué MM. les Directeurs des journaux de Paris et de province. Quelles lumières a fait jaillir cette réunion ? Des réclames d'intérêts pour sa propre chose. Un seul d'entre eux a cru devoir, pour relever le niveau de la discussion, émettre l'opinion que la loi future aurait à tenir compte d'intérêts de premier ordre, c'est-à-dire de la société tout entière. Enfin M. le garde des sceaux a fait observer qu'en raison des avantages, relatifs au temps, que l'on voulait faire à la presse, il fallait en compensation, de véritables garanties pour les principes éminemment conservateurs que représente le gouvernement actuel. On ne pouvait attendre de M. le ministre de la justice que des paroles pleines de convenance et d'autorité. Il prouvera une fois de plus que la maxime si sage : « que tout vient à bien à qui sait attendre », est toujours une vérité, car l'on doit grandement se féliciter, pour la satisfaction de tous les intérêts, que la discussion si ardue de la loi sur la presse n'ait surgi qu'après le retour au pouvoir de M. Dufaure, un des plus remarquables et des plus dignes successeurs de M. de Serre, esprit aussi libéral qu'éclairé, partisan des choses de son temps, mais tenant grand compte de celles du passé ; il saura se souvenir, dans l'élaboration de la nouvelle loi, de ces deux vérités si bien exposées et qui ont été le préambule de la loi de 1819 :

« La presse est la sauvegarde de la liberté, elle protége les citoyens, avertit les gouvernements de leurs fautes et les peuples des dangers qui les menacent ; mais aussi elle est la plus cruelle ennemie de la liberté, elle est l'arme terrible des révolutions et de l'anarchie, c'est elle enfin qui a forcé la France épouvantée à recevoir les fers du despotisme pour échapper aux désolations de l'anarchie. »

La conclusion de l'exposé des motifs fait par M. de Serre était donc l'intervention du jury dans les affaires de presse. C'était pour ce temps-là une idée hardie, émise pour la première fois en France sous un gouvernement régulier, et qui y prenait ses lettres de naturalisation. Elle fut acceptée par tous les partis, avec reconnaissance par les uns, avec le sentiment intelligent de la nécessité par les autres.

Mais l'on n'était pas généralement sans inquiétude au sujet de la composition des jurys et de leur capacité pour rendre un verdict intelligent sur des questions qui demandent un certain degré d'instruction, l'habitude de lire journellement des journaux d'opinions différentes et une étude au moins élémentaire des rudiments constitutionnels. M. de Serre, pour rassurer l'opinion inquiète, s'exprima ainsi :

« N'est-ce pas, en effet, parmi les citoyens les plus recommandables que sont choisis les jurés? Dans ce nombre, ne s'en rencontre-t-il pas d'assez éclairés pour remplir les fonctions que la loi leur attribue, et la manière même dont se forment les listes ne permet-elle pas d'appeler ceux qui remplissent cette condition ? »

Voilà pour calmer les esprits des paroles rassurantes, et cependant les résultats ne répondirent pas aux espérances.

L'on pouvait lire tout récemment dans un journal très-sérieux (1), raisonnant à froid sur des faits déjà si loin de nous, et les jugeant avec la logique et le bon sens qui lui sont ordinaires : « que le jury n'a pas tenu tout ce que l'on attendait de lui. » Précédemment le même journal écrivait : « Les libéraux éclairés par l'expérience ont proposé maintes fois l'établissement d'un jury spécial ; ce jury aurait deux avantages : il aurait des lumières qui font défaut trop souvent aux jurys actuels, et il ne serait pas distrait et fatigué par les préoccupations d'affaires très-différentes. »

(1) *Journal des Débats*, 30 avril 1875.

Ainsi donc, et la chose est grave, un jury trié parmi les citoyens éclairés et les plus recommandables n'a pas tenu ce que l'on attendait de lui ; y aurait-il lieu aujourd'hui à faire plus de fond sur un jury choisi dans de pareilles conditions ? Nous ne le pensons pas ; et puis, par le temps qui court, la chose est tout à fait impossible. Un pareil triage serait condamné sans appel ; d'ailleurs, il ne faut pas se le dissimuler, ce mode est mauvais et vicieux. C'est une porte trop grande laissée ouverte à l'arbitraire et aux convenances de MM. les préfets ; les susceptibilités plus ou moins sincères des exclus y trouvent aussi trop leur compte ; c'est une expérience qui tournerait plus mal encore que la première fois et qu'il ne faut pas renouveler. Ne retombons pas toujours dans les mêmes fautes.

Mais si tous ces jurys spéciaux dans chaque cour d'appel sont à jamais condamnés, il n'en saurait être de même pour un jury spécial des affaires de presse fonctionnant au siége du gouvernement.

Nous allons essayer de déduire toutes les conséquences heureuses de la création d'un pareil jury ; notre persuasion bien intime est que là, un jour ou l'autre, est la solution cherchée d'une loi sur les délits de la presse.

Ce jury serait composé de manière à être le plus éclairé, le plus instruit, et par-dessus tout le plus indépendant qui se pourrait former. Tous les trois mois, il serait renouvelé et désigné par le sort ; il se recruterait :

Dans le Sénat ;

Dans l'Assemblée législative ;

Dans le Conseil d'État ;

Dans le Tribunal et la Chambre de commerce ;

Dans le Conseil municipal ;

Et si on le trouvait opportun, dans la liste générale des jurés du département de la Seine.

Quel est l'auteur d'un ouvrage ou d'un article de journal, mis en cause, qui pourrait récuser un pareil jury ? et ne serait-ce pas un honneur fait à MM. les journalistes que de leur donner le privilége de plaider devant ce nouvel aréopage ?

MM. les journalistes de la presse dite avancée expriment tous les jours, et il faut les en louer, le désir de voir les lumières et l'instruction toujours plus répandues; eh bien, pour eux au moins le désir formulé dans leurs écrits se réaliserait immédiatement, car les produits de leur pensée ne pourraient plus être discutés et jugés que par des esprits éclairés et compétents. Ils n'auraient plus à craindre un acquittement tel que celui qui a eu lieu dernièrement en Angleterre, et qui a fait tenir au président des assises cette mordante et humoristique allocution :

« Accusé, vous pouvez d'autant plus vous féliciter de votre acquittement, qu'en dehors des douze jurés qui viennent de vous déclarer innocent, il serait certainement impossible de trouver en Angleterre douze autres êtres humains capables de rendre un pareil verdict. »

Quant aux ministres, quel avantage pour eux de concentrer au siége du gouvernement toute cette question de presse, toujours si compliquée !

Quelle délivrance pour les administrateurs de province, qui n'auraient plus qu'à signaler par le télégraphe l'article incriminé et à l'expédier par la poste, puis, leur rapport fait, leur mission serait remplie.

Pour ce qui concerne la magistrature et les parquets, l'on comprend parfaitement combien de roideurs cette juridiction nouvelle détendrait ; tout le monde y gagnerait ; des rapports convenables et faciles sont si désirables en province, et c'est toujours le gouvernement, c'est-à-dire la chose publique, qui y gagne le plus ; la nouvelle loi aurait encore l'avantage de supprimer les demandes, à tous les points de vue si fâcheuses, à fin de faire porter la cause devant une autre cour, pour cause de suspicion légitime.

La province serait délivrée de ces émotions malsaines qui ne sont souvent qu'un déplorable chantage pour gagner des abonnements, ou une réclame en vue des prochaines élections. Les procès de presse, désormais portés au siége du gouvernement, n'entraîneraient pas, comme on pourrait le croire, une dépense supplémentaire pour le journal incriminé ; il en résulterait souvent pour sa caisse une économie, par la suppression obligée des frais de circulation et autres assez considérables, résultant du voyage et du séjour d'un avocat en renom du barreau de Paris.

Pour terminer, disons, sans crainte d'être démenti, que l'effet moral produit par la réunion d'un jury aussi éclairé et aussi indépendant aurait les conséquences les plus heureuses et rendrait les procès de presse beaucoup plus rares. Il n'y aurait plus désormais à compter, comme dans certains départements, sur un jury plus ou moins favorable à telle opinion pour exploiter ici les sentiments légitimistes, là les sentiments républicains, ailleurs les sentiments bonapartistes. On comprendrait que l'on aurait à se présenter devant une réunion d'hommes sérieux, éclairés, indépendants et parfaitement au courant des choses sur lesquelles ils ont à faire entendre la voix de leur conscience, et cela seul inspirerait de la prudence à plus d'une plume.

La permanence d'un pareil jury aurait ce très-grand avantage de ne plus faire marcher la justice d'un pied boiteux, et qui fait qu'un jury consulté six semaines ou deux mois après un délit de presse n'y attache plus qu'une médiocre importance ; sans réfléchir aux mauvaises impressions qu'un article perfide a laissées dans des esprits faux, il se laisse circonvenir par un habile avocat et déclare, d'un cœur léger, que l'accusé n'est pas coupable. C'est ce que constatent plus de deux cents rapports du parquet entre les mains de M. le ministre de la justice, qui signale avec regret de pareils faits.

Une juridiction de la Presse s'établirait enfin, et par la

force des choses, par la haute sanction attachée aux décisions d'un pareil tribunal, la polémique deviendrait tous les jours plus réservée et plus pratique, sans que ses représentants eussent un sacrifice à faire à leur indépendance, à leur droit de critique et à leur initiative, toutes choses qui seront toujours respectées et protégées par l'opinion du pays.

Quant aux devoirs qu'entraînerait cette mission pour ceux qui auraient à la remplir, il ne faut pas se les exagérer. C'est un grand service qu'ils rendraient au pays et qui ne leur coûterait qu'un bien petit sacrifice. Prenons pour exemple la Chambre des députés, qui, en raison de ses 530 membres, fournira relativement le plus grand nombre de jurés ; supposons qu'elle donne 15 de ses membres par trimestre, ou 60 par an. Il en résultera qu'au bout de quatre ans, temps d'une législature, elle n'aura pas même fourni la moitié de ses membres, puisqu'il ne sera sorti de l'urne que 240 noms sur 530. En outre, le jury, qui trouvera le complément de ses membres dans les autres corps pour arriver au chiffre de 36, verra, par suite des récusations du ministère public et de l'accusé, beaucoup de ses membres ne pas même avoir eu à siéger dans une seule affaire pendant l'espace de trois mois. Il est probable que ce tribunal ne se réunirait qu'une fois par mois ou deux fois au plus. Il est inutile d'entrer dans d'autres détails qui seront résolus par la pratique et par l'expérience.

Le président de cette cour et les assesseurs pourraient être nommés, comme il est d'usage, par les cours d'assises ; un avocat général et deux substituts y seraient attachés.

Nous croyons que la peine de la prison devrait être supprimée ; elle ne frappe presque jamais le vrai coupable. La suppression complète du journal ne devrait plus être prononcée, elle ressemble trop à la confiscation abolie par nos lois et encore plus par nos mœurs ; mais les amendes et la suppression temporaire devraient être rigoureusement appliquées ; en cas de récidive, la vente du journal pourrait être déclarée obligatoire, toutes ces peines étant de droit commun dans nos codes. Ainsi, les députés, les magistrats, les officiers publics peuvent être suspendus et privés de leur traitement pendant un temps déterminé ; en cas de manquements sérieux à leur devoir, ces derniers, lorsque la gravité des faits à leur charge l'exige, peuvent être condamnés à vendre leurs offices. Dans le cas de suspension temporaire, comme dans le cas de vente obligatoire, les précautions et mesures nécessaires devraient être prévues par la loi pour que ces peines ne fussent pas éludées ou rendues illusoires par un service étranger d'abonnements, ou par un rachat opéré pour le compte de la même société.

Mais ce n'est pas une loi que j'ai eu la prétention de formuler, c'est une simple esquisse que j'ai voulu crayonner ; il faut laisser ce grand travail aux personnes autorisées et compétentes, à M. le Ministre de la justice et aux législateurs désignés par le pays. J'ai seulement voulu émettre, comme c'est mon droit et peut-être aussi mon devoir, une idée mère qui mûrira, je l'espère, et aura demain ou plus tard probablement son application.

Nous avons aussi désiré indiquer quelques changements à

apporter dans la pénalité des délits de presse, ce qui ne sera que justice, car, s'il ne faut pas plus d'indulgence pour ceux-ci que pour les délits ordinaires, il ne faut pas non plus qu'ils soient punis en dehors du droit commun.

Nous terminons par une simple réflexion qui a bien sa valeur, c'est qu'une loi sur la presse, dans les conditions où nous la demandons, pourrait être acceptée par tout gouvernement, quels que fussent sa forme et son principe.

Après tant d'essais infructueux, puisse cette juridiction nouvelle recevoir une heureuse application sous le gouvernement ferme et loyal de notre illustre maréchal.

Paris — Imp. PILLET FILS AÎNÉ, 5, rue des Grands-Augustins.